VILLE DE SAINTE-MÉNEHOULD

BIBLIOTHÈQUE POPULAIRE

CATALOGUE DES OUVRAGES

SAINTE-MÉNEHOULD

IMPRIMERIE GEORGES DUVAL

1898

VILLE DE SAINTE-MÉNEHOULD

BIBLIOTHÈQUE POPULAIRE

CATALOGUE DES OUVRAGES

1	*Edmond About*	Germaine.
2	—	L'Homme à l'oreille cassée.
3	—	Les mariages de Paris.
4	—	Les mariages de province.
5	—	Le roi des montagnes.
6	—	Le roman d'un brave homme.
7	*Harry-Alis*	Promenade en Egypte.
8	*Alf. de Vigny*	Cinq-Mars.
9	*Paul Arène*	Le canot des six capitaines.
10	*Balzac*	Eugénie Grandet.
11	*Basset*	Culture et alcoolisation de la betterave.
12	*B. de St-Frêne*	Paul et Virginie.
13	*Ch. et E. Carteron*	Introduction à l'étude des Beaux-Arts.
14	*Châteaubriand*	Attala.
15	*Courtois Gérard*	Manuel de jardinage.
16	*Alphonse Daudet*	La belle Nivernaise.
17	—	Contes du Lundi.
18	—	Le petit Chose.
19	—	Lettres de mon moulin.
20	—	Tartarin de Tarascon.

21 *Charles Dickens* . . . David Copperfield.
22 *Alexandre Dumas* . . Les Trois Mousquetaires.
23 *Erckmann-Châtrian* . L'Ami Fritz.
24   —   Confidences d'un joueur de clarinette.
25   —   Histoire d'un conscrit de 1813.
26   —   Histoire d'un homme du peuple.
27   —   Histoire d'un paysan (4 volumes).
28   —   L'illustre docteur Mathéus.
29   —   L'Invasion.
30   —   Madame Thérèse.
31   —   Maître Daniel Roch.
32   —   Waterloo.
33 *Octave Feuillet* . . . Le roman d'un jeune homme pauvre.
34 *Francisque Sarcey* . . Le siège de Paris.
35 *Frochot* . . . . . . Cubage et estimation des bois.
36 *George Sand* . . . . François le Champi.
37   —   La Mare au Diable.
38   —   Le marquis de Willemer.
39   —   La petite Fadette.
40 *Gervais Courtellemont* Mon voyage à la Mecque.
41 *Halévy* . . . . L'abbé Constantin.
42 *H. de Graffigny* . . . Manuel de l'horloger.
43 *Hector Malot* . . . . Sans famille (2 volumes).
44 *Hirtz* . . . . Méthode de coupe et confection.
45 *Victor Hugo* . . . . Légende de Beau Pécopin.
46   —   Les Misérables (4 volumes).
47   —   Notre-Dame de Paris.
48   —   Le Rhin (3 volumes).
49   —   Quatre-Vingt-Treize.
50 *Lacoste* . . . . Guide pratique du vigneron.
51 *Livingstone* . . . . . Voyages.
52   —   Dernier journal.

53 *John Lubbock* . . . . Le bonheur de vivre (2 volumes).

54   —   L'emploi de la vie.

55 *Lunel* . . . . Guide d'économie domestique.

56 *P. et V. Margueritte* . Le Désastre.

57   —   Ma grande.

58   —   Mon père.

59   —   Poum.

60 *Mme de La Fayette* . . La Princesse de Clèves.

61 *Marie Robert Halt* . . Brave Garçon.

62   —   Histoire d'un petit homme.

63   —   La Petite Lazare.

64 *Manuel* . . . . . . Les petites industries d'amateurs.

65 *Prosper Mérimée* . . Chronique de Charles IX.

66   —   Colomba.

67 *Stanislas Meunier* . . L'esprit et le cœur des bêtes.

68 *Mme J. Michelet* . . . Quand j'étais petite.

69 *Dr E. Monin* . . . . L'hygiène du travail.

70 *Moreau* . . . . . . Guide pratique du bijoutier.

71 *Mulder* . . . . . . Le Guide du brasseur.

72 *Mortimer d'Ocagne* . G^des écoles de France (carrières civiles)

73   —   G^des écoles de France (services de l'Etat)

74 *Pernot* . . . . Guide pratique du constructeur.

75 *Pourriau* . . . . . Manuel du chimiste agriculteur.

76 *Alfred Rambaud* . . Civilisation française (2 volumes).

77   —   Civilisation contemporaine.

78 *X. B. Saintine* . . . Picciola.

79 *Siebecker* . . . . . . Récits héroïques.

80 *Smiles* . . . . Selph-Helph.

81 *Stanley* . . . . . . Comment j'ai rencontré Livingstone.

82 *Swift* . . . . Voyages de Gulliver.

83 *André Theuriet* . . . Le mariage de Gérard.

84   —   Pages choisies.

85 *André Theuriet* . . . . Raymonde.
86 *Augustin Thierry* . . Récits des Temps Mérovingiens.
87 *Toppfer* . . . . La Bibliothèque de mon oncle.
88 *Valléry* . . . . Journal d'un volontaire d'un an.
89 *Jules Verne* . . . . . Mathias Sandorf (3 volumes).
90 *Viollet-le-Duc* . . . . Comment on devient un dessinateur.
91   —   Comment on construit une maison.
92 *Wagner* . . . . La vie simple.
93 *Jules Brisson* . . . * Annales politiques et littéraires (29 v.)
94 *Aicard* . . . . L'âme d'un enfant.
95 *Paul Bourget* . . . . Outre-Mer.
96 *Charlot* . . . . . . Paysages et paysans.
97 *Cherbuliez* . . . . . Jacquine Vanesse.
98 *Crawford* . . . . . . Insaisissable amour.
99 *Deharme* . . . . . . Merveilles de la locomotion.
100 *De Layens* . . . . . Cours d'apiculture.
101   —   Le Rucher illustré.
102   —   Conseils aux apiculteurs.
103 *Dubief* . . . . Le Journalisme.
104 *Fogazzaro* . . . . Un petit monde d'autrefois.
105 *Gréville* . . . . . . Villoré.
106 *Guillemin* . . . . . La vapeur.
107 *Gustave Larroumet* . Vers Athènes et Jérusalem.
108 *Hamet* . . . . Cours d'apiculture.
109 *Jacquemart* . . . . . Merveilles de la céramique.
110 *Pottier* . . . . . . Les statuettes de terre cuite.
111 *Richebourg et Collas* . Les grands dévouements.
112 *Rosny* . . . . Les retours du cœur.
113 *Tissandier* . . . . . La houille
114 *Viardot* . . . . . . Merveilles de la peinture.

---

* Don de l'administration des *Annales politiques et littéraires*.

115 *Viardot* . . . . Merveilles de la sculpture.
116 *Weber* . . . . Le panorama du siècle.
117 *Acloque* . . . . . . * Les insectes nuisibles.
118 *Auzias-Turenne*. . . Cow-Boy.
119 *Bardoux* . . . . . . Madame de Custine.
120 *Basserie* . . . . La conjuration de Cinq-Mars.
121 *Bazin* . . . . De toute son âme
122 *Roger de Beauvoir*. . Légion étrangère.
123 *Benoist*. . . . . L'Espagne, Cuba, les Etats-Unis.
124 *Besson et Abadie* . . Anthologie des instituteurs poètes.
125 *Bornecque* . . . . . Armement portatif des armées euro-
                         péennes.
126 *Bouloumié* . . . . . Les maladies évitables.
127 *Bourde*. . . . . . . La fin du vieux temps.
128 *Brissaud* . . . . . . Hygiène des asthmatiques.
129 *B. de St-Arroman* . . Les missions françaises.
130 *Clamageran*. . . . . La lutte contre le mal.
131 *A. de Champeaux* . . Histoire de la peinture décorative.
132 *Mᵐᵉ E. Caro* . . . . Idylle nuptiale.
133 *Chéruel* . . . . Histoire de France sous Mazarin (3 v.).
134 *Clédat* . . . . Théâtre au Moyen-Age.
135 *Clément et Troncet* . . Animaux de France.
136 *François Coppée*. . . Le Coupable.
137 *Dartigue du Fournet*. Journal du commandant de *la Comète*.
138 *Douin* . . . . Nouvelle Flore des mousses.
139 *Dubief*. . . . . L'abbé de l'Epée et l'éducation des
                         sourds-muets.
140 *Alexandre Dumas* . . Pages choisies.
141 *Duprat et Saillard*. . Code annoté de la réglementation du
                         travail dans l'industrie.

---

* Les volumes compris au Catalogue sous les nᵒˢ 117 à 194 inclus ont été donnés par le Ministère de l'Instruction publique.

142	Mme *Edgard Quinet*	De Paris à Edimbourg
143	*Fabry*	Piles électriques.
144	*Général Faidherbe*	Le Sénégal.
145	*Flammarion*	Les merveilles célestes.
146	*Franklin.*	Les Souverains de France.
147	*Flainville*	Histoire de Trois-Amis.
148	*Galtier-Boissière.*	L'enseignement de l'anti-alcoolisme.
149	*Golschmann et Joubert*	L'Ame Russe.
150	*Grosclaude.*	Un Parisien à Madagascar.
151	Mme *Guizot de Witt*	Pages choisies de Guizot.
152	*Hanotaux*	Tableau de la France en 1614.
153	*Hatzfeld et Meunier.*	Les critiques littéraires du XIXe siècle.
154	*Hémon.*	La Rochefoucauld.
155	*Henry.*	Histoire de la littérature française.
156	*Laborde.*	Les tractions rythmées de la langue.
157	Mme *V. de Lamartine.*	Lettres à Lamartine.
158	*Lambert de Ste-Croix.*	Onze mois au Mexique.
159	—	Les lectures populaires.
160	*Lebon*	Cent ans d'histoire intérieure.
161	*Legouvé*	Dernier travail.
162	—	Magasin pittoresque 1897.
163	*Mauroy*	Engrais chimiques.
164	*Marbot.*	Mémoires du général baron de Marbot.
165	*A. du Mesnil*	Les idées de M. Eucher.
166	*Miron.*	Les huiles minérales.
167	*Comte de Moltke*	La guerre de 1870.
168	*Muller.*	Curiosités historiques et littéraires.
169	*Nano Tritschler.*	Séchage des fruits et des légumes.
170	*H. de Parville.*	La Nature 1897 (2 volumes).
171	*Passy*	Traité d'arboriculture fruitière (3 v.).
172	*Patté*	La race.
173	*A. Petit*	Les assurances.

174 *E. Petit* . . . . Autour de l'éducation populaire.
175 *Pontsevrez* . . . . . Faute d'un mot.
176 *Proust et Ballet.* . . . Hygiène de neurasthénique.
177 *Rameau* . . . . . . Les féeries.
178 *Riche et Halphen* . . Le pétrole.
179 *E. Rostand.* . . . . Cyrano de Bergerac.
180 *Sageret* . . . . . . Les applications de l'électricité.
181 *Servières* . . . . . . La musique française moderne.
182 *Jules Simon.* . . . . Derniers mémoires des autres.
183   —   Mémoires des autres.
184   —   Nouveaux mémoires des autres.
185 *Souriau* . . . . Pascal.
186 *J. Steeg* . . . . Dangers de l'alcool.
187 *André Theuriet* . . . Cœurs meurtris.
188   —   Poésies.
189 *Commandant Toutée.* Dahomey — Niger — Touareg.
190 *Sophie Urbanowska* . La Princesse.
191 *Viéville* . . . . Comptabilité agricole.
192 *Vera Jelikowska.* . . Impressions de première jeunesse.
193 *Viret* . . . . Les insectes utiles et nuisibles.
194 *Wolff* . . . . L'éducation nationale.
195 *Claude Buirette* . . . Histoire de la Ville de Ste-Ménehould
          et de ses environs (2 volumes).